GENIESSER BIBLIOTHEK

L'OLIO

Olivenöl

Von der
kostbaren Frucht
des Ölbaums

Roberto Bosi

Deutsch von Bianca Röhle

FLECHSIG

Die italienische Originalausgabe
ist bei Nardini Editore in Florenz/Italien
unter dem Titel "L'Olio" erschienen.
Redaktion: Andrea Galeazzi

Genehmigte Lizenzausgabe für Flechsig
Buchvertrieb in der Verlagshaus Würzburg
GmbH & Co. KG, Würzburg 2006
Übersetzung aus dem Italienischen
von Bianca Röhle – Droemersche Verlagsanstalt
Th. Knaur Nachf. GmbH & Co. KG, München

Umschlaggestaltung: Lorenzo Crinelli
Umschlaggestaltung der deutschen Ausgabe:
Silberwald – Agentur für visuelle
Kommunikation, Würzburg
Umschlagillustration: Miniatur aus einem
lombardischen Kodex des 14. Jahrhunderts,
Florenz (med. Palat. 69, c. 18)
Printed in Italy

ISBN-13: 978-3-88189-617-7
ISBN-10: 3-88189-617-1

Unser gesamtes Programm finden Sie unter:
www.verlagshaus.com

DER OLIVENBAUM – KULTURPFLANZE SEIT DER ANTIKE

6000 Jahre Geschichte

Der Olivenbaum wächst in der Regel in sonniger Lage auf kalkhaltigen, trockenen und steinigen Böden.

Wir alle wissen, daß nach der Überlieferung in Jerusalem der berühmte Ölberg der Stadt gegenüberlag. Fast alle Städte Galileas waren von Olivenhainen umgeben. Die jüdischen Bauern behaupteten, daß man bei Oliven auf die erste gute Ernte fast zehn Jahre warten müsse und sogar dreißig Jahre, um einen maximalen Ertrag zu erzielen. Das jüdische Volk konnte die Früchte und das Öl des Olivenbaumes erst verarbeiten, nachdem es seßhaft geworden war. Doch mit den Olivenhainen stellte sich dann der Reichtum ein: Die Bäume sind langlebig, sie können bis zu 12 Meter groß werden und jedes Jahr 120 Kilogramm Oliven produzieren, was damals einen Ertrag von mindestens 25 Litern Öl bedeutete.

Die Olivenernte wurde im September und Oktober durchgeführt, noch bevor die Früchte vollständig ausgereift waren. Mit langen Stangen schüttelte man die Äste. Die Oliven, die am Baum hängengeblieben waren, wurden den Armen überlassen.

Um Öl von bester Qualität zu erhalten (heute wird es als «extravergine» bezeichnet), vermied man es im alten Palästina, die Oliven zu pressen. Die Ernte wurde entweder einfach in einen Korb gelegt, aus dem das Öl tropfenweise in einen Behälter fiel, oder in einen kuppelförmigen Raum aus Felsgestein gefüllt, der an der Unterseite mit einem Loch versehen war, durch welches das Öl entweichen konnte. In beiden Fällen wurden die Oliven von ihrem Eigengewicht «gepreßt».

Bei einer anderen Methode wurden die Früchte mit heißem Wasser übergossen, so daß sich das Öl auf der Oberfläche absetzte. Dieses Öl galt als Produkt erster Güte und speiste die Lampen in den Heiligtümern, wie es in der Bibel in den Büchern Exodus und Leviticus beschrieben ist. Es diente darüber hinaus der Zubereitung von Opfergaben und wurde für Salbungen in Fläschchen gefüllt. Auch die Krüge in den Kellern der Reichen waren immer voll, die gefüllten Ölkrüge stellten sogar den wahren Reichtum der Könige dar. Bei Ausgrabungen in Samaria (Palästina) ist man tatsächlich auf in Terracotta geritzte oder auf Stoff

geschriebene Listen gestoßen, die Aufschluß über die Ölvorräte im Palast des Königs Achab (im 9. Jahrhundert vor Christus) geben.

Die Schönheit des Olivenbaums wird im Alten Testament häufig besungen, so zum Beispiel im Buch des Propheten Hoseas. Hier wird sogar der Gott Israels mit der Pracht des Olivenbaums verglichen! Der Baum erscheint immer wieder als Metapher und symbolisiert die individuelle und nationale Heiligkeit. Auch die Episode mit der Taube, die nach der Sintflut mit einem Olivenzweig im Schnabel zur Arche Noah zurückkehrt, verdeutlicht, welchen symbolischen Wert der Olivenbaum für die Juden besaß. Im fünften Buch Mose wird das Öl als Zeichen von Reichtum, Freude und Freundschaft geschildert. Genauso wird es als Symbol von Kraft und Weisheit angesehen; aber – so warnt das Buch der Sprüche – eine streitbare Frau bei sich zu haben ist so, als habe man seine Hände mit Öl eingefettet.

In der Bibel wird der Olivenbaum ungefähr siebzigmal erwähnt. Es steht außer Zweifel, daß er neben dem Weinstock und dem Feigenbaum eine der charakteristischen Pflanzen Palästinas ist. Für die Menschen dieser Gegend bedeutete er Reichtum: Seine Früchte waren wichtige Nahrung und lieferten außerdem ausgezeichnetes Öl.

Bis heute wird das Olivenöl in der Küche des Nahen Ostens – wo es Fett und Butter ersetzt – großzügig verwendet. Aber auch in der Körper- und Schönheitspflege findet es Anwendung. Die Medizin hat nie auf das Olivenöl verzichtet, so bei den Salbungen der Mächtigen und Herrscher (selbst das

Wort *christos* als Anrede Jesu bedeutet nichts anderes als «Gesalbter»).

Jede Opferung von Speisen mußte von einem Trankopfer begleitet werden, bei dem Öl auf den Altar des Heiligtums gegossen wurde (im Buch des Propheten Micha wird sogar behauptet, daß «Ströme von Öl» flossen).

Schließlich war das Holz des Olivenbaums – gelblich mit brauner Maserung – widerstandsfähig, leicht zu polieren und daher sehr begehrt. Das Buch der Könige berichtet, daß die Cherubimstatuen sowie die Portale zum Tempel Salomos in Jerusalem aus dem edlen Holz wilder Olivenbäume angefertigt waren.

In Palästina wurde der Olivenbaum sowohl in der Ebene als auch im Gebirge angepflanzt; diejenigen, die sich mit dem Anbau befaßten, wußten, daß die Haine keiner besonderen Pflege bedurften. Es genügte, sie von Unkraut freizuhalten. Ja, im Talmud, der die Lehren der alten Rabbiner versammelt, steht geschrieben, daß es leichter ist, einen Olivenhain zu pflegen, als einen Sohn Israels großzuziehen.

Die antiken Reiche des Nahen Ostens und des Mittelmeerraumes waren vom Ertrag des Olivenbaums abhängig, da er die mit Abstand wichtigste «Ölquelle» war. Das Wort «Öl» kann in den abendländischen Sprachen über das lateinische *oleum* und das griechische *elaion* bis auf das noch ältere semitische Wort *ulu* zurückgeführt werden. Alle diese Begriffe meinen Olivenöl.

Auf der Insel Kreta wurden seit 2500 vor Christus Olivenbäume gepflanzt. Der Reichtum der kretischen Könige beruhte, zumindest teilweise, auf dem regen Ölhandel mit Ägypten und den Ländern des östlichen Mittelmeers.

Von hier verbreitete sich der Gebrauch des Olivenöls für Speisen allmählich auch im Abendland. Der Olivenanbau gelangte nach dem Jahr 580 vor Christus von Griechenland über Süditalien nach Rom – zur gleichen Zeit, da auf den Hügeln Latiums und Etruriens erstmals Wein angebaut wurde. Zur Zeit der klassischen Antike war der Olivenbaum dann in allen Regionen des Mittelmeers bekannt. Dabei bedienten Griechen und Römer sich derselben Techniken zur Olivenölproduktion wie das Morgenland.

Die Malereien auf Tonvasen zeigen, wie der Reifegrad und die Qualität der Oliven geprüft wurde: Zu diesem Zweck wurde der ausgepreßte Saft von einigen Früchten durch einen Trichter in eine kleine Flasche gegeben und anschließend der Geruch und Geschmack des so erzeugten Öls kontrolliert.

Obwohl man das hochwertigste Öl sofort nach der Ernte erhält, wurden die Oliven manchmal auf dem Boden

der Ölmühle gelagert. Danach mußte das Fruchtfleisch vom Kern getrennt werden. Da die Schale der Olive ziemlich fest ist, zerquetschte man die Frucht vor dem Pressen.

Die Technik war denkbar einfach: Auf den Früchten, die sich in einem flachen Gefäß befanden, ließ man einen zylinderförmigen Stein hin- und herrollen. Diese Art von Mühle, die bei den

Römern unter dem Namen *mola olearia* bekannt war, bestand aus zwei zylinderförmigen Steinen, die an den beiden Enden einer horizontalen Achse befestigt waren. Diese Achse war an einem vertikalen Drehbolzen fixiert, durch den die Zylinder schnell in Bewegung gesetzt werden konnten. Der Abstand zwischen den Zylindern und dem flachen Gefäß mit den Oliven war beliebig einstellbar. Auf diese Weise konnte das Fruchtfleisch von den Kernen getrennt werden, ohne daß diese zerquetscht wurden.

Ein weiterentwickeltes Modell – so wird von Plinius überliefert – hatten die Athener gebaut. Bei dem *trapetum* betrug der Abstand zwischen den Schleifsteinen und dem Becken für die Früchte genau einen römischen «Daumen» (1,8 cm). Ausgrabungen in der griechischen Region, deren Funde ins fünfte Jahrhundert vor Christus zurückgehen, haben fünf Schleifsteine zu Tage gefördert, deren Form und Anordnung die Zweifel beheben, die lange die Archäologie beschäftigt haben.

In der Antike führte man allerdings auch Pressungen mit Hilfe von Holzbalken durch. Diese Methode kam aller Wahrscheinlichkeit nach aus der Ägäis. Der Olivenanbau auf den dortigen Inseln läßt sich bis in die frühe Bronzezeit zurückverfolgen. Zeugnisse, die Aufschluß über die Geräte geben, stammen allerdings aus späterer Zeit.

Die ältesten bis heute bekannten Überreste einer Olivenpresse und eines dazugehörigen Beckens wurden auf Kreta ausgegraben und gehen auf das mittlere Minoische Zeitalter zurück (circa 1800–1500 vor Christus). Eine «Balkenpresse», die zwischen 1500 und 1400 vor Christus datiert wird, wurde auch auf einer der Kykladeninseln gefunden. Auf vielen bemalten Vasen, vor allem auf den roten hellenistischen Tonvasen aus dem sechsten Jahrhundert vor Christus, wird die Funktionsweise dieser Presse detailliert dargestellt. Die «Balkenpresse» macht sich das Gesetz der Hebelwirkung zunutze: Das eine Ende des Balkens wird in die Einbuchtung einer Mauer oder zwischen zwei Steinpilaster ge-

legt, das andere Ende wird heruntergezogen und häufig mit Steinen beschwert. Die Früchte, die man in Säcke füllte oder zwischen zwei Holzbretter legte, wurden unter dem Mittelteil des Balkens gepreßt.

Die so gewonnene Flüssigkeit ließ man in Bottichen ruhen. Mit Röhrchen, die sich im Boden dieser Bottiche befanden, konnte das Wasser abgeleitet werden. Für die Qualität des Öls war es entscheidend, daß die wäßrige Flüssigkeit vollständig separiert wurde. Denn sie enthält einen bitteren Stoff, der den guten Geschmack des Öls verdorben hätte.

Nachdem man anschließend das Fruchtfleisch in warmem Wasser eingeweicht hatte, konnte eine zweite und dritte Pressung durchgeführt werden.

Die Qualität jeder neuen Pressung war minderwertiger als die vorhergehende. So erhielt man in der Regel drei verschiedene Qualitäten von Olivenöl: die erste zur Verwendung in der Küche, die weiteren für die Kosmetik und zur Körperpflege.

Es darf heute als gesichert gelten, daß der Anbau von Olivenbäumen auf 6000 Jahre Tradition zurückblicken kann. Davon zeugen überlieferte Erzählungen, religiöse Texte und archäologische Funde. Der ursprüngliche Lebensraum der Pflanze war wahrscheinlich Syrien, denn die ersten Menschen, die überhaupt daran dachten, eine wilde Pflanze zu kultivieren, kamen ohne jeden Zweifel aus dem semitischen Sprachraum.

Von Syrien aus war der Weg, den das *cultivar* (= die kultivierten Pflanzensorten. Ein aus dem Englischen adaptierter Fachausdruck, entstanden aus *culti*vated *var*iety.) bis zu den ägäischen Inseln und den sonnigen Hügeln Anatoliens nahm, recht einfach. Ebenso leicht war seine Verpflanzung nach Griechenland, wo es sofort vielseitige Verwendung fand und so schließlich für die antiken Völker des Mittelmeerraumes unverzichtbar wurde.

Es waren höchstwahrscheinlich die Griechen selbst, die in der weiten, sonnigen und fruchtbaren Region, die sie Magna Graecia nannten – den küstenreichen Regionen Apuliens, Kalabriens,

Siziliens und Kampaniens –, die ersten Olivenhaine anlegten.

Doch trotz des sehr vielseitigen Gebrauchs des Olivenöls in der klassischen Antike gibt es immer noch Stimmen, die behaupten, daß Ligurien die erste Region Italiens gewesen sei, in der der Olivenbaum Wurzeln geschlagen habe. Die Pflanzen seien nach dem Jahr 1000 von den Kreuzrittern aus Palästina mitgebracht worden. Doch diese These trifft wahrscheinlich nur für jene besondere Olivensorte zu, die so gut an den rauhen, dem Wind ausgesetzten Küsten des Golfes von Genua gedeiht.

Dennoch hatte der Olivenbaum in Italien noch tausend Jahre nach seiner Einführung nicht dieselbe Verbreitung erfahren wie in Westanatolien und Griechenland. Es gab keine reinen Olivenhaine, vielmehr herrschte der Anbau von Mischkulturen vor.

Trotzdem wurde der Olivenbaum von vielen Völkern als heilig betrachtet, wahrscheinlich nicht nur deshalb, weil er Nahrung lieferte, sondern besonders weil er widerstandsfähig und langlebig war.

Wir wissen, daß er im alten Griechenland der Göttin Athene geweiht war. Seit jeher steht auf der Akropolis neben dem Erechtheion ein Olivenbaum. Seit Tausenden von Jahren wachsen Olivenbäume im heiligen Bezirk von Olympia sowie auf dem Hügel des Philopappos, der den Musen geweiht ist;

und auf den antiken Athener Münzen ist neben der Eule ein Olivenzweig dargestellt.

Das Olivenöl diente in der Antike nicht nur der Ernährung; es fand auch in der Kosmetik und bei Massagen Anwendung. An unzähligen Stellen in der antiken Dichtung – in der «Ilias» und der «Odyssee», aber auch in der «Änäis» – liest man, daß die Athleten vor einem Wettkampf ihre Muskeln mit Öl anwärmten. Gleichzeitig schützte sie die ölige Haut vor dem gegnerischen Angriff. Der Sieger erhielt häufig einen Kranz aus Olivenzweigen.

Dies wird auch in «Siegesliedern» des griechischen Dichters Pindar bezeugt: Die Athleten begnügten sich mit einem Siegeskranz aus Olivenzweigen (oder Lorbeer), denn ihm wurde große Bedeutung beigemessen.

In der «Ilias» träumt Odysseus immer wieder von seinem Ehebett in der fernen Heimat Ithaka, das in den riesigen Stamm eines Olivenbaumes geschlagen war. Und als er schließlich nach Hause zurückkehrt, ist sein erster Gedanke, die treue Penelope in seinem Bett aus Olivenholz zu empfangen.

In allen Dichtungen des Altertums – auch in den indischen und persischen – ist vor allem von den Vorzügen des Öls die Rede. Nur die Chinesen kannten es nicht, und auch in der Neuzeit beschränken sie sich darauf, einige wenige Pflanzen zu importieren.

Der Umgang der Römer mit Olivenöl kann nicht anders als verschwenderisch bezeichnet werden. Dabei benutzten sie überhaupt keine Butter (das Wort *butirum* ist griechischen Ursprungs und wird von Hippokrit und Plutarch in der Bedeutung von «Salbe» überliefert). Noch heute ist nicht sicher nachzuweisen, ob die Phönizier den Olivenanbau auf den Apennin brachten oder ob die Römer den Baum in den benachbarten Siedlungen der *Magna Graecia* kennenlernten.

Zu Zeiten des Römischen Reiches gedieh der Olivenbaum in Sabina, im

Sannio, im Piceno, im Veneto und am Gardasee (das Öl von Benaco wurde von den Zeitgenossen des Dichters Catull besonders geschätzt) und in Ligurien. Zur Zeit des Kaiserreiches erreichten die Olivenkulturen dann die Insel Sardinien, und noch später fand der Baum jenseits der Alpen, vor allem in der Provence, Verbreitung.

Auch die Etrusker, die viel von Landwirtschaft verstanden, förderten die Verbreitung des Olivenanbaus. Als die römischen Legionen aus den Tälern der Flüsse Paglia, Chiana und am Oberlauf des Tiber auf der Höhe von Chiusi, Cortona und Perugia in etruskisches Gebiet einfielen, bot sich ihnen ein überwältigender Anblick: Sie kamen aus dem Hain der Feronia und von den Cimini-Bergen, und vor ihnen dehnten sich bis zum Horizont die üppigen Felder Etruriens aus. Weinberge, Weizenfelder und Olivenhaine, so weit das Auge reichte.

Seit dem sechsten Jahrhundert vor Christus widmeten sich auch die Römer intensiv dem Gartenbau und dem Anbau von Wein und Oliven. Um die Zeitenwende gedieh der Olivenbaum bereits in allen Ländern des Mittelmeerraumes.

Wie die Rezepte, die uns Apicius in seinem Kochbuch «*De re coquinaria*» hinterlassen hat, bestätigen, bestimmte er immer mehr die römische Küche. Apicius empfiehlt das Öl aus Dalma-

tien, beschreibt Methoden, wie die grüne Farbe der Oliven erhalten werden kann und wie man eine Fischsoße mit Raute und Öl vermischt ... Öl wurde zum Kochen vieler Gerichte verwendet, aber auch – zusammen mit einer Prise Salz – gekochtem Getreide- und Hirsebrei zugefügt (noch heute werden in der Toskana Bohnen- und Gemüsesuppen mit etwas Olivenöl verfeinert). Dennoch blieb das Öl – ebenso wie der Wein – immer ein wertvolles Nahrungsmittel, dessen Genuß sich nicht jeder erlauben konnte.

Von den Schriftstellern des römischen Kaiserreiches (aber auch von späteren Chronisten) erfahren wir, daß in den nördlichen Regionen Italiens (der sogenannten «*Gallia Cisalpina*», der heutigen Poebene) Olivenöl den Reichen vorbehalten war. Die Landarbeiter, die Arbeiter und Handwerker in den Städten mußten sich mit Rapsöl, Rinderfett und Speck begnügen.

Wie schon gesagt, spielte die Butter keine große Rolle. Dennoch stellten die Bauern sie in immer größeren Mengen her. Doch auch dieses Fett war für die einfachen Leute unerschwinglich. Unter anderem fand die Butter eine recht merkwürdige Verwendung: Sie war Bestandteil bei der Herstellung von Seife. Plinius beschrieb mit dem Wort *sapo* eine Pomade, die von den Galliern erfunden worden sei und zuerst mit tierischen Fetten hergestellt werde. Da die gewonnene Substanz aber einen unangenehmen Geruch verbreitete, verwendete man schließlich anstelle der Butter Olivenöl.

Von diesem Moment an wurde ein Großteil des Handels mit Seife von Spanien und den Gebieten des westlichen Mittelmeeres übernommen.

Die Fattoria für Olivenöl zur Zeit der römischen Republik

Im republikanischen Zeitalter, so berichtet Cato, entwickelte sich die Landwirtschaft vom familiär geführten Kleinbetrieb zum bäuerlichen Großbetrieb mit einer Ausdehnung von bis zu 25 Hektar Land. Der Einsatz von Sklaven ermöglichte jetzt Weinbau und Getreideanbau, aber auch das Pflanzen von Olivenbäumen.

Es gab allerdings Güter, die sich auf die Kultivierung einer einzigen Pflanze beschränkten: Dies galt für den Olivenanbau in Umbrien, in Kampanien und im südlichen Etrurien. Aus jener Zeit sind Erzählungen von 60 Hektar großen Olivenhainen überliefert, die von einem versklavten Gutsverwalter und seiner Familie mit einem Dutzend «Arbeiter» in Schuß gehalten werden mußten.

Besonders schwer wurde die Arbeit zur Zeit der Ernte, die ausschließlich von Hand durchgeführt wurde. So schnell wie möglich mußten die Früchte zur Ölmühle transportiert werden, die sich manchmal in der Nähe des Gutshofes, oft aber schwer erreichbar mitten in den Feldern befand.

Die typische Fattoria jener Zeit bestand aus einem Haus für den Verwalter (Plautus nennt ihn *olearius*), aus Lagerräumen und einer Ölmühle.

Der Öltransport in der Antike

Zur Zeit der alten Römer dominierten Ölschiffe den Verkehr auf den Meeren. Oft waren die Schiffe so überladen, daß sich bei starkem Seegang tragische Unglücke ereigneten. Dabei hatten sie nicht nur Öl geladen. Häufig wurden gleichzeitig Marmor- oder Granitblöcke oder Säulensockel transportiert. Im Laderaum allerdings befanden sich fast immer – sorgfältig aufgereiht (so hat man sie auch aufgefunden) – Hunderte von Amphoren mit Olivenöl.

Die Funde von Giannutri, Taormina, Gallipoli und anderen Orten sprechen eine deutliche Sprache. Die Olivenölproduktion war in der Antike weit verbreitet. So lobte Plutarch Cäsar, weil er für Rom Länder erobert habe, die jährlich 3 Millionen Liter Öl erbrachten.

Die verschiedenen cultivar *des Olivenbaums und ihre therapeutischen Eigenschaften*

Gaius Plinius Secundus behauptet in seiner «Naturalis Historia», daß es fünfzehn verschiedene Sorten von Oliven gebe. Er beschreibt ihre Vorzüge und kaum einen Nachteil. Andere antike Schriftsteller sprechen ganz allgemein von *olea calabrica*, d. h. von dem Baum, der in Kalabrien wuchs, und von *callistephanos*, womit sie höchstwahrscheinlich den Baum griechischer Herkunft meinten, der riesige Früchte trug und in Rom sehr beliebt war.

Heute gibt man den unterschiedlichen *cultivar* verschiedene Bezeichnungen wie z. B. *colombino*, *moraiola*, *lec-*

cina, die häufig von dem jeweiligen Herkunftsort abgeleitet sind.

Plinius befaßt sich mit dem Thema Oliven, nachdem er sich zuvor lange über den Wein ausgelassen hat. Der Traubensaft läßt ihn geradezu in Verzückung geraten. Doch in der Bedeutung gleich danach kommt die Olive. Er behauptet, daß die Blätter des Olivenbaumes sowohl heilende als auch reinigende und astringierende Wirkung haben; daß sie abgekocht und mit Honig versetzt Verletzungen heilen, die sich Ärzte bei der Behandlung ihrer Patienten zugezogen haben; daß die Asche, die aus ihren Blüten und Blättern gewonnen wurde, Wunden zum Eitern bringe; daß das Öl, als Mundwasser benutzt, wirksam Zahnschmerzen bekämpfe; daß die Wurzelhaut junger Olivenbäume quälenden Bluthusten lindere.

Plinius läßt sich sowohl über die Vorzüge der Olive als auch des Öles weitschweifig aus. Er behauptet, daß grüne Oliven gut für den Magen seien; daß Olivenöl mit Wein gemischt Entzündungen im Mundraum, aber auch in den Ohren heile. Später sagt er, daß das Öl jung sein und duften müsse, aber nicht zu herb sein dürfe: Ganz frisches Olivenöl halte die Zähne weiß. Wenn es erwärmt und ihm eine Handvoll Rautenblätter zugefügt werde, beruhige es sogar Koliken und zerstöre Darmparasiten.

Und noch einmal Plinius: Ein Shampoo aus jungen gekochten Olivenkeimen mit Honig vermischt würde den Haarausfall stoppen und den noch vorhandenen Haarwuchs verläßlich stärken.

Der Olivenanbau in den mittelalterlichen Klöstern

Daß der Olivenanbau auch im Mittelalter in Italien weiterhin gefördert wurde, ist in erster Linie das Verdienst einiger Orden. Vor allem die Benediktiner und Zisterzienser haben sich um den Erhalt der Oliven bemüht.

Die Regeln des heiligen Benedikt von Nursia folgten Grundsätzen des Evangeliums, ließen der Gemeinschaft aber darüber hinaus Freiheiten, eine «christliche Republik» auf der Basis

von Arbeit und Gebet zu errichten. Bauern und Landarbeiter waren damals im Begriff, das Land, das sie jahrhundertelang kultiviert hatten, zu verlassen. Benedikt und seine Anhänger überzeugten sie davon, sich dem Anbau ertragreicherer Kulturen zuzuwenden: Der Anbau von Oliven würde sie vor der Armut bewahren.

Die Benediktiner gründeten Klöster in Camaldoli, Vallombrosa, Montecassino, Montefano di Macerata und in Monteoliveto (der Name ist schon bezeichnend) in der Provinz Siena. Die Stunden des Tages wurden dort zu gleichen Teilen dem Gebet und der Arbeit gewidmet: Die Mönche waren sich nicht zu schade, eine Hacke in die Hand zu nehmen, um die Qualität der Böden zu verbessern. Vor allem in Mittel- und Süditalien gibt es heute noch

Felder und Terrassen, die bereits im Mittelalter von Mönchen angelegt wurden.

Bernard von Clairvaux, der Begründer des Zisterzienserordens, wurde oft «der letzte Kirchenvater» genannt. Seine Mönche lehrten die unzufriedenen Bauern, die immer noch fast wie Sklaven lebten, die Felder urbar zu machen, ertragreiche Kulturen anzupflanzen und sich zu unabhängigen Landwirten zu entwickeln.

Unermüdlich waren die Zisterzienser bei der Feldarbeit und achteten darauf, der Natur keinen Zwang anzutun.

Sie verbannten Fresken, Gemälde und Skulpturen, ja allen Zierat aus ihren Kirchen. Selbst die polychromen Fußböden ließen sie rigoros entfernen.

Die Mönche sollten über Einfachheit und ein Leben mit der Natur zu innerem Frieden und Gelassenheit finden. Daher verwendeten sie viel Zeit und Aufmerksamkeit auf die Landwirtschaft. Denn die Kultivierung des Bodens garantierte ihnen ihre Unabhängigkeit.

Vielleicht hat es nie so viele Olivenhaine und Weinberge gegeben wie vom Jahr 1000 bis ins fünfzehnte Jahrhundert – in der Blütezeit der Benediktiner- und Zisterzienserklöster.

EIN WERTVOLLES NAHRUNGSMITTEL

Der Nährwert des Olivenöls

Das Öl, das aus Oliven gewonnen wird, ist mit Abstand das beste Speisefett. (Die Desinformation, die in einigen Werbekampagnen betrieben wird, kann daran nichts ändern!)

Sogar die Amerikaner, die selbst über keine bedeutende Olivenölproduktion verfügen, haben den Nährwert und die therapeutischen Qualitäten des Öls entdeckt. Im Jahre 1977 bestätigte Professor Angel Keys von der Universität von Minnesota nach langjährigen Forschungen die Wirksamkeit des Olivenöls zur Vorbeugung gegen Arteriosklerose und Herzinfarkt. Er war der erste moderne Mediziner, der die Bedeutung der «mediterranen Diät» bestätigte, in der das Olivenöl eine Hauptrolle spielt.

Zunächst ist das Olivenöl das einzige Fett, das mit der einfachen Pressung der Frucht – ohne chemische oder sonstige Zusätze – gewonnen wird. Samenöl wird dagegen extrahiert. Hierfür

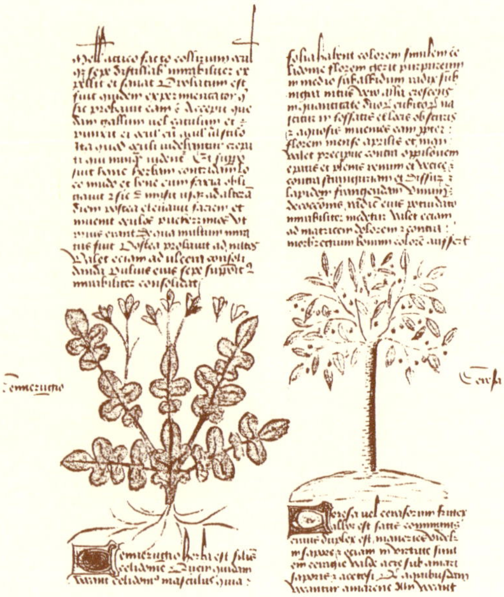

werden Spezialgeräte und chemische Zusätze wie Butan, Propan und Hexan verwendet.

Unser Körper braucht Fette, um seine Temperatur von 37° Celsius zu halten. Diese Fette sollten neutral sein, sind in Wirklichkeit jedoch leicht säurehaltig. Entscheidend für unseren Organismus sind Oleinsäure, Leinölsäure und Erdnußölsäure. Eine Zeitlang ist behauptet worden, daß Samenöl wertvoller sei als Olivenöl, da es mehr Leinölsäure enthält. Neueste Studien haben jedoch ergeben, daß der menschliche Körper nicht mehr als 10-12% Leinölsäure assimilieren kann.

Darüber hinaus ist das Olivenöl einfach ungesättigt, während die Samenöle mehr vielfach ungesättigte Fette enthalten. Diese Tatsache ist entscheidend beim Kochen und Braten – werden die ungesättigten Fettsäuren erhitzt, nehmen sie Sauerstoff auf, der in dieser Zusammensetzung dem Organismus schadet.

Kurz gesagt: Das Olivenöl hält höchste Temperaturen aus, ohne in seinem chemischen Aufbau zerstört zu werden. Es erhöht den Cholesterinspiegel nicht. Die Säure des Öls hat vielmehr die Eigenschaft, den Gehalt an LDL (das schädlich ist) zu verringern und das Cholesterin HDL zu erhalten, das der Gefahr von Arterienverstopfung vorbeugt.

Das Olivenöl reduziert nicht nur die Säure der Magensäfte und wirkt sich positiv auf die Galle aus (und vermindert so das Risiko von Gallensteinen). Es unterstützt sogar das Knochenwachstum von Kleinkindern.

Warum also sollte man demnach auf Olivenöl verzichten?

Olivenöl: ein wertvolles Nahrungsmittel

Pflanzliche Öle sind reich an ungesättigten Fetten. Diese Fette sind für unseren Organismus unverzichtbar, da sie erst gewisse Stoffwechselvorgänge möglich machen.

Um die optimale Menge an ungesättigten Fettsäuren aufzunehmen, sollte man mindestens 4 Eßlöffel Olivenöl am Tag zu sich nehmen. Es gibt keine Gegenanzeige für den Verzehr von ungekochtem Olivenöl.

Dabei ist es wichtig, das richtige Öl für die jeweilige Zubereitungsart zu wählen. Während des Kochens verändert sich das Öl durch Wärme und Sauerstoffzufuhr in seinen Eigenschaften. Leinölsäuren werden beispielsweise gesundheitsschädigend.

Aus diesem Grund ist es notwendig, beim Braten mit Öl einige allgemeine Regeln zu beachten:

– die Flamme darf nie zu hoch sein;

– das Öl darf nicht länger als zwanzig Minuten auf dem Feuer bleiben;

– das Öl darf nie mehrmals verwendet werden.

Das Olivenöl extravergine ist das beste und gesündeste, weil zu seiner Herstellung lediglich die reifen Oliven gepreßt und anschließend gefiltert werden. Geschmacks- und Farbunterschiede bei den verschiedenen Ölen ergeben sich aus unterschiedlicher Bodenbeschaffenheit, Klimaunterschieden, der Entfernung der Bäume zum Meer, aus dem Alter der Pflanzen und der jeweiligen Sonneneinstrahlung.

Unter diätetischen Gesichtspunkten ist das Olivenöl extravergine ein äußerst wertvolles Nahrungsmittel, reich an Chlorophyll, Karotin (das die Flüssigkeit vor Oxidierung und vor dem Ranzigwerden schützt), an Lezithin (ein

natürliches Antioxidationsmittel, das die Aufnahme von Fett, Zucker und Proteinen stimuliert), an Poliphenolen und reich an den Vitaminen A und D.

Die Olivenölproduktion in Italien

Der letzte Bericht über die Olivenölproduktion in Italien liefert beeindruckende Zahlen: Demnach werden jährlich über 41 Millionen Doppelzentner Oliven geerntet. Der Ertrag aus den 38,5 Millionen Doppelzentnern, die zu Öl verarbeitet wurden, lag bei 7 862 000 Doppelzentnern. Dieser Ertrag macht Italien gegenüber den anderen olivenölproduzierenden Mittelmeerländern konkurrenzfähig.

Natürlich sind die Regionen, die Italien eine solch reiche Ernte bescheren, vor allem im Süden des Landes zu suchen, auch wenn andere Gebiete wie Ligurien, die Gegend um den Gardasee und die Toskana dem Süden in der Qualität des Öls nicht nachstehen. Der wichtigste Ölproduzent Italiens ist allerdings Apulien, das Kalabrien und erst recht Sizilien, Kampanien, die Abruzzen und das Molise weit hinter sich läßt.

Alles in allem ernteten die Regionen Süditaliens ungefähr 37 Millionen Doppelzentner Oliven pro Jahr, während im Zentrum des Landes (wo die Ernte in Umbrien besonders gut war) der Ertrag bei ungefähr 3 500 000 Doppelzentnern lag. Norditalien – auch hier war wiederum die Produktion einer einzigen Region, nämlich Liguriens, ausschlaggebend – hat fast 520 000 Doppelzentner erwirtschaftet.

Diese Zahlen dienen der Kontrolle der Produktion. Außerdem kann man so unter Umständen Strategien entwikkeln, um die Vorrangstellung Italiens unter den Olivenölproduzenten zu erhalten und den Verkauf von italienischem Öl im Ausland entsprechend werbewirksam zu unterstützen. Es ist kein Geheimnis, daß der Export von Olivenöl extravergine einen wichtigen Platz in der Zahlungsbilanz Italiens einnimmt. Von vielen Seiten hört man, daß das Olivenöl extravergine das beste der Welt sei. Besonders heute, da in ganz Europa und auch in Ländern außerhalb Europas die Vorzüge der mediterranen Küche anerkannt sind, bevorzugt man Olivenöl, das gesund ist und sich für die Zubereitung der verschiedensten Gerichte eignet.

Die Güte des Olivenöls wird von einer strengen Gesetzgebung geschützt. Die Zahlen der letzten zehn Jahre zeigen, daß sie nicht nur eine Steigerung

der Produktionsmenge bewirkt, sondern daß sich auch die Qualität gebessert hat. Diese Tatsache liegt den italienischen Produzenten selbst natürlich am meisten am Herzen.

Seit 1993 müssen sich die italienischen Produzenten mit der ausländischen Konkurrenz auseinandersetzen. Die Situation scheint schwierig geworden zu sein. In allen Produktionsbereichen des Landes spürt man leichte Besorgnis, doch wurden bereits einige Maßnahmen getroffen und andere auf den Weg gebracht. Auch für die nationale Olivenproduktion versucht man, die richtigen Voraussetzungen zu schaffen.

Dem Weinbau wurde in den letzten Jahren größte Aufmerksamkeit von seiten der Gesetzgeber und Produzenten gewidmet. Beim Olivenanbau hingegen mußte Produktion und Vertrieb erst neu strukturiert werden. In Italien gibt es circa 180 Millionen Olivenbäume, und die Nachfrage der Verbraucher ist beträchtlich. Dennoch hat das Olivenöl kritische Zeiten hinter sich.

Der staatliche Plan für den Olivenanbau, der im Juni 1991 verabschiedet wurde, sah Rationalisierungsmaßnahmen vor, die eine Reduzierung der Ausgaben nach sich zogen. Gezielte Qualitätspolitik wurde auf nationaler Ebene organisiert: Untersuchungen, die darauf abzielten, auf wissenschaftlicher Basis die unterschiedlichen Qualitäten zu

bestimmen (einige Olivensorten sind wenig produktiv) und den Markt zu analysieren.

Die Ziele waren klar: besseres Öl, rationellere Produktionsmethoden und verbesserter Verbraucherschutz. Heute werden alle Produkte, die auf der Basis von Olivenöl hergestellt wurden, staatlich kontrolliert, ob sie den Mindestanforderungen des Gesetzgebers entsprechen.

Es liegt auf der Hand, daß die unterschiedliche Beschaffenheit der Böden in den Anbaugebieten die Qualität des Produktes beeinflußt. Das Öl aus dem Norden, besonders das aus Ligurien und der Romagna, wird fälschlicherweise als «leicht» bezeichnet. Es hat wenig Säure, ist delikat im Geschmack und leicht süßlich. Das Öl aus Mittelitalien, vor allem das toskanische, ist robuster, würzig und voll im Geschmack. Das Öl aus dem Süden, zum Beispiel aus Apulien, zeichnet sich durch mehr Säure aus, ist kräftig im Geschmack und ein wenig fett.

Aber das sind allgemeine Klassifizierungen, da jede Ölsorte ihre ganz individuellen Eigenschaften hat. Untersucht man in einer einzigen Region die verschiedenen Sorten, wird man häufig beträchtliche Unterschiede feststellen.

Die Region, die sich vor allen anderen mit der Produktion von Olivenölen hervorgetan hat – und das nicht zuletzt dank ihrer hügeligen Landschaft –, ist zweifelsohne die Toskana. Mit ungefähr 50% der nationalen Baumschulen und einem Qualitätsangebot, das sich im oberen Mittelfeld, manchmal sogar auf höchstem Niveau bewegt, steht die Toskana an der Spitze der Ölproduzenten.

Trotzdem sind in den letzten Jahren in Italien Tausende Hektar von Olivenhainen völlig verwahrlost. Im Gargano beispielsweise haben Landbesitzer, die mittlerweile seit Jahren im Ausland leben, ihre Olivenhaine an Spekulanten verkauft, die auf dem Grund Ferienwohnungen, Campingplätze und Villen für Touristen errichtet haben.

In Ligurien ist der größte Teil der Olivenhaine zumindest vernachlässigt worden. Viele sind allerdings völlig verwahrlost oder ohne Rücksicht auf die Bedürfnisse der Natur und Landschaft von Neubauten zurückgedrängt oder gar durch den Bau neuer Straßen zerstört.

An bestimmten Orten wurden jahrhundertealte Olivenhaine verpachtet. Unter den Bäumen breitete man dann Netze zum Auffangen der Früchte aus, ohne sie nach der Ernte wieder zu ent-

fernen. Dort liegen die Netze ausgebreitet, sommers wie winters, und da unter ihnen Gras und Sträucher wild wuchern, kommt immer unweigerlich der Tag, an dem ein Feuer alles vernichtet. Der Schaden für Natur und Wirtschaft ist groß. Ob die Flammen auf Brandstiftung zurückzuführen sind oder sich selbst entzündet haben, wird meist nicht mehr geklärt.

Doch ein Olivenhain widersteht sowohl der Verwahrlosung als auch dem Feuer – er ist an sich unverwüstlich. In überschaubarer Zeit läßt sich ein Olivenhain rekultivieren. Hat man einmal Unkraut und Gestrüpp entfernt, zeigt sich, daß die Pflanzen an ihrer Wurzel bereits wieder ausgeschlagen haben. Es reicht, sie zu säubern und die frischen Triebe stehen zu lassen. Ist der Hain schon seit langer Zeit verwahrlost, wird man feststellen können, daß sich die Triebe zu kleinen Bäumen entwickelt haben, die bereits wieder Früchte tragen. Sind Stämme von Gestrüpp befreit, vermindert sich zunächst ihr Ertrag, da sie jetzt stärker Wind und Sonne ausgesetzt sind. Nach einigen Jahren jedoch werden sie den ursprünglichen Ertrag wieder erreichen und sogar übertreffen.

Kann man Öl wie Wein auswählen?

Sehr häufig wird Olivenöl extravergine zu unterschiedlichen Preisen angeboten. Wie ist das möglich? Gibt es vielleicht Kategorien von Olivenöl extravergine, die – wie das beim Wein der Fall ist – innerhalb derselben Qualitätsklasse Unterschiede aufweisen?

Mit der Absicht, Händlern und Verbrauchern klare und verläßliche Informationen an die Hand zu geben, werden immer wieder Veranstaltungen organisiert, auf denen Qualitätsanalysen demonstriert werden. Dabei zeigte sich vor allem, daß das Interesse der Verbraucher für Olivenöl, und zwar besonders für extravergine, ständig gewachsen ist. Darüber hinaus wurde deutlich, daß die Produktion von Oliven sowohl quantitativ als auch qualitativ von Jahr zu Jahr schwankt.

Der Präsident der *Mastri Oleari* (ein Verband anerkannter Olivenölproduzenten), Piero Antolini, hat im übrigen kürzlich darauf hingewiesen, daß der Verbraucher die Möglichkeit haben muß, sich mit Hilfe von kontrollierbaren Daten über das Verhältnis von Qualität und Preis des Produktes zu informieren.

Unter dem Etikett Olivenöl extravergine werden Produkte angeboten, die sich je nach Herkunft, Zeit und Art ihrer Gewinnung und der verwendeten Olivensorte sehr voneinander unterscheiden können. Daraus ergeben sich die beiden folgenden Gesichtspunkte: 1. Es gibt Öl von hervorragender Qualität, das unter Umständen sehr teuer ist. 2. Manche Produkte werden zu Dumpingpreisen auf den Markt geworfen, um Qualitäts- und Preisniveau bewußt zu drücken und die Marktgesetze zu stören. Der Präsident der Mastri Oleari hält dem entgegen, daß die italienische Olivenölproduktion den ersten Platz in der Welt zu verteidigen hat, auch wenn sie die nationale Nachfrage nicht völlig decken kann.

Die italienischen Produzenten bieten also in der Tat ein breites Angebot an Olivenölen extravergine, die sich, genauso wie Weine, in Jahrgang und Qualität voneinander unterscheiden.

Die Heilkraft des Olivenöls

Es wurde schon erwähnt, daß es in der Antike üblich war, sich nach einem erfrischenden Bad oder vor einem sportlichen Wettkampf mit aromatisiertem Olivenöl massieren zu lassen.

Auch heute gibt es einige Orte, an

denen Ärzte eine «Aromatherapie» für die Gesundheit und Schönheit des Körpers anbieten. Die Therapie setzt sich allerdings aus mehreren Behandlungsfeldern zusammen:

1) Die Massage mit aromatischen Ölen (versetzt mit Essenzen aus den Blättern und Früchten des Olivenbaums, die immer wieder frisch mit dem Öl vermischt werden; nach Anweisung des Arztes werden Extrakte von Bergamotte, Basi-

likum, Kamille, Kampfer, Eukalyptus und anderen Pflanzen zugefügt);
2) Bäder und Inhalation;
3) spezielle Kräuterdiät und Kräutertees.

Bei dieser Art der Massage wird das Öl auf die Haut gegeben. Damit es in den Körper eindringt, werden neuromuskuläre Techniken angewandt, die auf das Nervensystem und die Meridiane einwirken.

Als Reaktion auf die Massage kommunizieren die Nervenenden mit den inneren Organen, den Drüsen, dem Kreislauf und über das Blut mit dem Gehirn, das Herzschlag, Blutdruck, Atmung, Libido und die Antistreßreaktionen kontrolliert. Die reinen Öle stimulieren die Haut, entspannen und bringen Energie, selbst wenn sie mit Wasser verdünnt werden. Die Anhänger natürlicher Heilmethoden sehen in Olivenöl extravergine also mehr als nur ein Nahrungsmittel.

Auch das Wasser für ein entspannendes Bad kann mit Öl angereichert werden (unter Umständen fügt man Lavendel- oder Kamilleextrakt hinzu).

Wer brüchige Nägel hat, sollte die Fingerspitzen in lauwarmes Öl halten. Nicht zuletzt lindern Massagen mit Olivenöl die Schmerzen bei der Arthritis.

Doch die Verwendungsmöglichkeiten von Olivenöl reichen noch viel weiter. Sogar im Haushalt zeigt das Olivenöl seine Vielseitigkeit. Zum Beispiel kann man Salatschüsseln aus Holz mit lauwarmem Wasser ohne Spülmittel reinigen und anschließend mit ein wenig Öl einfetten; selbst Wanderschuhe aus Leder bleiben weich und wasserundurchlässig, wenn man sie mit Öl einreibt; und die Eisenpfannen, die man zum Kochen benutzt, sollten vor dem Wegräumen immer mit Öl eingefettet werden.

DIE ITALIENISCHEN ÖLE

DAS ÖL AUS SARDINIEN

Über das sardische Öl – ein Reichtum der Insel, der nicht immer richtig eingeschätzt wird – hat sich Claudio Zurru vom Forschungsinstitut der Universität Cagliari kompetent und engagiert geäußert.

Die klimatischen Bedingungen auf Sardinien sind ideal für den Olivenanbau, und es gab daher auf der Insel schon immer wilde Olivenbäume. Wahrscheinlich brachten die Phönizier die ersten Pflanzen auf die Insel. Sogar einige sardische Ortsnamen weisen auf eine lange Tradition hin: Ogliastra, Oliena, Oleana, Partes Olea ... Zahlreiche archäologische Funde (besonders Amphoren, in denen das Öl aufbewahrt wurde) bestätigen, daß schon sehr früh Oliven auf Sardinien kultiviert wurden.

Die mittelalterlichen Chroniken Sardiniens sind reich an Nachrichten über Handel und Ausfuhr landwirtschaftlicher Produkte, aber nur die Pisaner Chroniken sprechen von Olivenhainen auf der Insel. An einigen Orten stehen noch jahrhundertealte Olivenbäume, die von den Bewohnern der Insel «*olias de is pisanus*» (Olivenbäume der Pisaner) genannt werden.

Gegenwärtig rangiert der Olivenanbau auf Sardinien an zweiter Stelle hinter dem Weinanbau. Auf einer Fläche von über 50 000 Hektar Land werden die Pflanzen angebaut – etwas mehr als die Hälfte in reinen Olivenhainen, auf dem Rest der Fläche werden Mischkulturen gezogen. In normalen Jahren liegt die Produktion bei mehr als 100 000 Doppelzentnern Öl.

In der Gegend von Sassari, in der Provinz Nuoro (Oliena und Dorgali) und in den Gemeinden Dolianova und Gonosfanadiga wird der Olivenanbau immer weiter intensiviert, und Monokulturen beginnen Fuß zu fassen.

Die Qualität des sardischen Öls genügt mittlerweile Normen, die bis vor einigen Jahren, als man auf der Insel ausschließlich das zweitklassige «lampantino sardo» produzierte, noch völlig unvorstellbar waren. Inzwischen produzieren auch hier die Kooperativen Öl mit dem Gütesiegel «extravergine».

DAS ÖL AUS KALABRIEN

Es ist das Verdienst kalabrischer Produzenten, daß sie den Mut besessen haben, neue Olivensorten in traditionelle Olivenkulturen einzuführen. Die Namen dieser Sorten sind hier nicht von Bedeutung, wichtig ist es allerdings zu wissen, daß daraus außergewöhnliche Öle gewonnen werden.

So war zu lesen, daß es einigen Produzenten gelungen sei, bereits nach drei oder vier Jahren einen erstaunlichen Ertrag zu erwirtschaften. Dabei ist allgemein bekannt, daß es sich beim Olivenbaum um eine sehr langsam wachsende Pflanze handelt und daß er in Kalabrien (und nicht nur hier) angebaut wurde, um Töchter mit einer guten Aussteuer zu versorgen.

Und dennoch ist es gelungen. Dazu bedurfte es allerdings nicht nur einiger Experten, sondern auch anhaltenden Engagements und genauer Kenntnis der für die Produktion geeigneten Böden.

Wegen der günstigen geographischen Lage, der auf unterschiedlichem Höhenniveau angelegten Terrassen, der verschiedenartigen Bodenbeschaffenheit können in Kalabrien zahlreiche Olivensorten produziert werden. Oft spielt dabei auch der Wind eine Rolle; denn die Intensität und Kontinuität, mit der er vom Meer her weht, kann sich mehr oder weniger positiv auf die Entwicklung der jungen Frucht auswirken.

Auf der gebirgigen Halbinsel mit ihrem milden Klima war der Olivenbaum immer schon zu Hause. Er wuchs sowohl an der Küste als auch in Höhen bis zu 800 Metern. Wie in anderen Gegenden (nicht nur in Italien) prägen und verschönern die Olivenhaine die kalabrische Landschaft.

Die Zahl der landwirtschaftlichen Betriebe, die sich dem Olivenanbau widmen, stellt für die Region eine nicht zu unterschätzende Größe dar. In Kalabrien gibt es über 134 000 Fattorien und 2000 Ölmühlen, die am Rande der jeweiligen Produktionsgebiete angesiedelt sind.

Mindestens die Hälfte dieser Ölmühlen sind in Familienbesitz und arbeiten sehr traditionell. Allerdings gibt es auch fortschrittliche Modellbetriebe. Die Mechanisierung schreitet langsam voran.

Noch wird von Hand geerntet – so, wie es im übrigen sein soll –, und auch die Netze und Tücher, die unter den Bäumen ausgebreitet werden, und der schnelle Transport der Oliven in gut durchlüfteten Körben oder Kisten zur Ölmühle haben eine jahrtausendealte Tradition.

Im Landesvergleich liegt Kalabrien mit seiner Ölproduktion an zweiter Stelle hinter Apulien. Aber die Region ist im Begriff, ihre Möglichkeiten immer besser auszuschöpfen. Kalabrien hat als erste Region Italiens eine landwirtschaftliche Genossenschaft der Olivenproduzenten gegründet (*OL.CAL. = Olivicola Calabrese*), in der 22 Produzentenvereinigungen der Region zusammengefaßt sind und der es gelungen ist, für das kalabrische Öl eine Ursprungsbezeichnung zu erhalten.

Selbstverständlich unterliegt die gesamte Olivenölproduktion den strengen Vorschriften der EG, die sowohl die Interessen des Produzenten als auch die des Verbrauchers schützen.

Auch in Kalabrien gelten – wie im übrigen in allen anderen italienischen Regionen auch – die verschiedenen Güteklassen: «extravergine», «vergine», «di oliva» usw.

Das kalabrische Olivenöl gereicht noch heute seinem überkommenen Ruf als wertvolles Nahrungsmittel, der mittlerweile in der gastronomischen Tradition des Mittelmeerraumes Geschichte gemacht hat, zur Ehre.

DAS ÖL AUS APULIEN

Die Olivenhaine Apuliens gehören zu den ältesten des Mittelmeerraumes. Sie wachsen auf feuchten und rötlichen Böden, die voller Kalkgestein und Gestrüpp sind und jedes Jahr erneut gründlich gepflügt werden müssen. Die Bäume sind hier oft mehr als hundert Jahre alt und ihre Stämme entsprechend kräftig. Zuweilen hat eine Pflanze auch mehrere Stämme. Grundsätzlich sind die apulischen Bäume jedoch besonders stark und groß. Ein Meer silbergrüner Bäume bedeckt ganze Hügelketten, die der Landschaft ihre ganz eigene Prägung verleihen.

Die Ernte gegen Ende des Sommers wird manuell durchgeführt. In dieser Zeit stechen immer wieder die großen

Tücher ins Auge, die unter den Bäumen ausgebreitet sind und auf denen die mit Stöcken abgeschlagenen Oliven gesammelt werden. In den apulischen Gemeinden, oft nicht mehr als die Ansammlung von einigen wenigen Bauernhäusern – einzeln über das Land verstreute Bauernhäuser sind in der Gegend hingegen selten –, gibt es noch aus Holz gebaute «Ölfabriken». Sie werden durch Wasser oder von Hand in Bewegung gesetzt, sind weitestgehend noch funktionsfähig, aber häufig nicht mehr in Gebrauch. Diese Anlagen finden sich in Gebieten, die einst, und zu einem guten Teil auch heute noch, wirtschaftlich vom Olivenanbau abhingen.

Die Bedeutung der Ölgewinnung wird deutlich, wenn man sich die technische Perfektion vor Augen führt, mit der diese riesigen Werke einst ausgestattet wurden – es handelt sich um wahre Industriedenkmäler. Ein enormer länglicher Korb, der sich in der Nähe der Holzpresse befand, diente dazu, die Erntearbeit, den Transport und die Lagerung in den endlosen Ebenen zu erleichtern. Monokultur und die Topographie erlaubten es, alle Arbeitsgänge zu rationalisieren.

Typisch für die familienbetriebenen Ölmühlen war neben der Holzbauweise auch die Konstruktionen der Dächer: Beispielsweise lag die nackte Dachpfanne direkt auf den Pfetten auf, so daß durch deren Öffnungen Licht ins

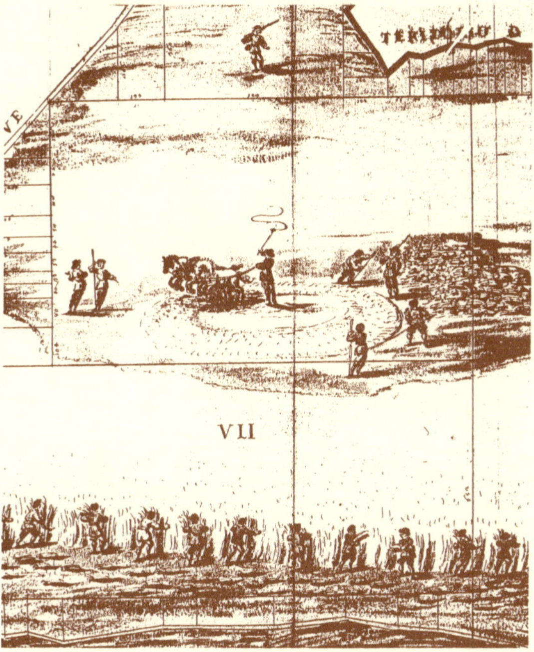

Innere drang. Die Dachbalken hatten nicht nur tragende Funktion, sondern dienten auch der hölzernen Mechanik der Pressen und Mühlen zur Unterstützung, Führung und Befestigung.

In einer mittelalterlichen Miniatur der «*De re rustica*» des römischen Autors Varro ist eine Ölmühle dargestellt, deren Schleifstein von einem Pferd in Bewegung gesetzt wird. Es handelt sich dabei praktisch um die gleiche Mühle, die das *Centro di Assistenza Tecnica Agricola di Nardò* (in der Provinz Lecce) auf einem Bauernhof der Gegend gefunden hat. Zu den Ölmühlen, deren Schleifstein von Menschen oder Tieren bewegt wurde, gehörten in der Regel eine oder zwei

Pressen mit einem Fundament aus Stein. Dieses diente zum einen der Verankerung der Holzstruktur, fing in seinen Rillen aber auch die Flüssigkeit auf und leitete sie in ein Gefäß weiter, in dem sie dann sedimentierte.

Dies war ein in der Vergangenheit im Mezzogiorno weitverbreiteter Ölmühlentypus. Der Mühlstein konnte je nach Region aus Kalkstein, Granit oder Basalt bestehen. Die technische Lösung, die man in Apulien anwendete, muß sehr alt sein, denn man kann heute noch vergleichbare Ölmühlen in der Nähe der antiken jüdischen Tempel in Kapernaum, am Ufer des Sees Genezareth und in Beit Shearim im heutigen Staate Israel bewundern. Und genau diese Anlage verbirgt sich hinter dem Namen Gethsemane (auf hebräisch *Gat-Sham-nà*): eine Ölmühle.

DAS ÖL DES LATIUM

Das besonders hochwertige Olivenöl extravergine aus dem Latium wird vor allem in zwei Gegenden der Region hergestellt: auf den Hügeln der Provinz Viterbo und in Sabina. Die Provinz Viterbo könnte man auch das etruskische Latium nennen, denn so weit reicht die Tradition des Olivenanbaus in dieser Gegend zurück.

Unter dem etruskischen Latium versteht man das weitläufige Gebiet, das im Nordwesten an die Toskana, im Osten an Umbrien und im Westen ans Tyrrhenische Meer grenzt und das als die Wiege der etruskischen und anschließend der römischen landwirtschaftlichen Tradition betrachtet wird. Diese Region schließt auch das Gebiet der Seen Bolsena, Vico und Bracciano ein. In Viterbo lassen sich landwirtschaftliche Techniken und handwerkliches Können auf älteste Traditionen zurückführen, zu denen auch die Kultivierung von Oliven zählte, aus denen kostbares Olivenöl extravergine gewonnen wird.

Sabina, die andere ölproduzierende Region des Latium, gehört zur Provinz Rieti. Sabina umfaßt die Hügel am Fuße der Sabiner Berge, die Ebene von Rieti und einen Teil der Provinz Rom. Nicht ohne Grund liegen in dieser Region die Klöster Farfa, La Foresta und

San Salvatore Maggiore. Ihren Mönchen war es im Mittelalter gelungen, den Bauern den Olivenanbau beizubringen.

Von den Hügeln der Provinz Viterbo und aus Sabina kommen die Öle extravergine mit der Bezeichnung «Canino» und «Sabino». Das Öl extravergine aus dem Latium ist von allerhöchster Qualität. Dafür sorgen nicht zuletzt die hochmodernen Betriebe der ölproduzierenden Kooperativen. Eigene Gütesiegel garantieren seine Qualität und Reinheit.

Das Öl aus dem Latium spielt darüber hinaus in der Küche dieser Region eine bedeutende Rolle, weil es alle Zutaten miteinander verbindet und ihren Geschmack unterstreicht. So trägt es nicht unmaßgeblich zum Erfolg vieler lokaler Gerichte bei.

DAS ÖL AUS UMBRIEN

Umbrien ist nicht nur das «grüne Herz Italiens» – Umbrien ist auch die Heimat von einigen der besten Olivenölproduzenten des Landes.

Die Ernte, die ausschließlich von Hand durchgeführt wird, bringt reife und gesunde Früchte, die bereits nach wenigen Stunden in die Ölmühle gelangen. Das Öl wird kalt gepreßt und anschließend in mit Keramik verkleidete Zisternen gefüllt, die zur Hälfte in die Erde eingelassen sind. Dadurch

klärt sich das Öl auf natürliche Weise. Experten nehmen dann das Umfüllen und Filtern der Flüssigkeit vor, bis das Öl schließlich in Flaschen gefüllt wird.

Das umbrische Olivenöl hat Eigenschaften, die es mit zum Besten machen, was heutzutage in Italien produziert wird: Seine Farbe ist von einem intensiven und natürlichen Grün; der Geruch fruchtig und fein; der Geschmack aromatisch und angenehm; und wegen der besonderen Zusammensetzung seiner Fettsäuren und dem hohen Gehalt an Olein- und Leinölsäure ist es außergewöhnlich leicht und bekömmlich. Dieses Öl eignet sich besonders gut zum Braten, da das Olivenöl extravergine auch bei höchsten Temperaturen nicht verbrennt.

Seine allseits anerkannte Qualität verdankt das umbrische Olivenöl wahrscheinlich nicht zuletzt der Tatsache, daß die hochgelegenen Hügel der Region klimatisch besonders begünstigt sind. Ständig weht ein leichter Wind durch die ausgedehnten Olivenhaine, der die Bäume auch vor dem gefährlichen Schädlingsbefall schützt. Diese Hänge wirken oft wie üppige Gärten.

Einige Produzenten bevorzugen eine Olivenqualität, die «muraiolo toscano» genannt wird, andere «frantoio», die leichter und delikater ist, während das Interesse an der Sorte «leccino» abnimmt.

Das umbrische Öl fördert eine gute

Küche, vor allem die Zubereitung köstlicher Soßen. Man kann es aber auch ungekocht auf Gemüse, Fisch, Fleisch und in Suppen genießen; es unterstreicht bei angemessener Dosierung den Geschmack selbst delikater Gerichte.

Es kann sehr sparsam verwendet werden, oft reicht bei Gemüse oder Kräutern schon ein Tropfen. Dies empfiehlt auch der Großteil der Autoren guter Kochbücher.

Zur Aufbewahrung dieses ausgezeichneten Öls sollte man gewisse strenge Regeln ganz genau befolgen. Es muß an einem dunklen, trockenen und luftigen Ort und bei einer gleichbleibenden Temperatur von circa 15° Celsius gelagert werden. Bei sachgemäßer Lagerung hält sich das Öl nicht selten länger als zwei Jahre. Anderenfalls kann es leicht verderben. Bei Öl, das unter 8° Celsius abgekühlt wurde, spricht man daher von dem Phänomen des «gefrorenen» Öls.

DAS ÖL DER TOSKANA

Die verschiedenen Ölsorten der Toskana kann man nicht miteinander vergleichen – Öl ist nicht gleich Öl. Es gibt das Öl von den Florentiner Hügeln, das Öl von den Hügeln des Chianti, das in der Nähe der Weinstöcke reift; es gibt das Öl aus der Gegend von Lucca und das von den Hügeln rund um Livorno und aus der Maremma, in unmittelbarer Nähe zum Tyrrhenischen Meer; und es gibt das Öl von Siena. Jede Region der Toskana hat ihr eigenes Öl, duftend, grün, voller Geschmack und Farbe.

Zum Beispiel wachsen die Oliven der Maremma oder aus dem Val di Cornia auf jahrhundertealten Bäumen der Sorten «muraiolo» und «frantoio» auf Lehmböden; die Ernte wird manuell durchgeführt, und innerhalb von drei Tagen werden die Früchte kalt gepreßt.

Dieses Öl ist von einem intensiven Grün, das ins Smaragdgrün hineinspielt; der Geruch ist intensiv und fruchtig; der volle Geschmack durch einen leicht bitteren Nachgeschmack charakterisiert. Dieses Öl mag schwerer als andere erscheinen, weil es ein wenig im Hals kratzt (das Öl aus dem westlichen Ligurien ist zum Beispiel leichter und süßlicher); aber auch toskanisches Öl enthält nicht mehr als 9 Kalorien pro Gramm. Es unterscheidet sich also lediglich durch seinen Geschmack.

Wie fast alle toskanischen Olivenöle eignet sich das maremmanische Öl nicht als Salatöl oder zur Zubereitung von Mayonnaisen, jedenfalls nicht, solange es junges Öl ist. Aber es schmeckt hervorragend ungekocht zu Suppen mit Kochfleisch, zu weißen Bohnen, gegrilltem Fleisch, zu Livorneser Fischsuppe und Aalen. Wenn es reifer ist, kann man es auch für Salatsoßen und zu gekochten Gemüsen gut verwenden.

Das Öl wird in Tonkrügen bei circa 18° Celsius in Räumen mit gleichbleibender Temperatur aufbewahrt.

In der Provinz Siena dürfen nur die Öle das Etikett extravergine tragen, die der Prüfung besonderer wissenschaftlicher Tests standgehalten haben. Diese Bezeichnung, die von größter kommerzieller Bedeutung ist, wurde vom Landwirtschaftsassessor der Provinz Siena kürzlich zu einer offiziellen Auszeichnung gemacht. Der vorausgehende Test entspricht allerdings einer Vorschrift der EG, die im September des Jahres 1991 eingeführt wurde. Demnach kann die Bewertung und Auszeichnung des Produktes erst nach der Durchführung einer physikalischen und chemischen Analyse erfolgen. Die Regelung verlangt auch eine Verkostung.

Die EG legt genau fest, nach welcher Verfahrensweise das Öl bewertet werden muß. Auf diesem Weg wird nicht nur der Säuregehalt festgestellt, sondern es werden auch andere Qualitätskriterien, wie zum Beispiel Geschmack und Geruch, analysiert. Mit Hilfe dieser Methoden läßt sich prüfen,

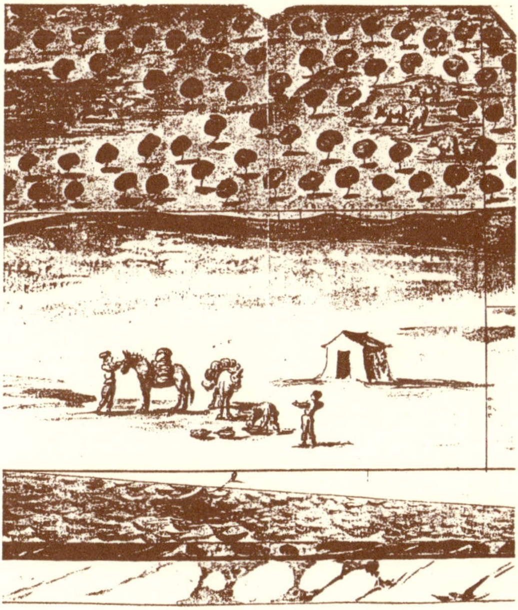

ob ein Öl frisch oder alt ist, rein oder verschnitten usw.

Zur Bewertung des Produktes ist ein System mit Variablen entwickelt worden. Den chemischen Geschmacksproben folgt die Benotung und ein richtiges Zeugnis.

Die von Fachleuten sorgfältig ausgewählten Verkoster müssen zunächst einen eigens eingerichteten Kurs in Siena absolvieren. Sie müssen die Herkunft und die Charakteristika der verschiedenen Olivenöle erkennen können. Auf dem Lehrgang erfahren sie alles über die klimatischen Bedingungen, unter denen produziert wird, und über die Eigenschaften, die die Qualität des Öls beeinflussen. Weiterhin lernen sie alle Ernte- und Preßmethoden kennen.

DAS ÖL AUS LIGURIEN

Ligurien kann sich einer alten und herausragenden Tradition der Ölherstellung und seiner industriellen Weiterverarbeitung rühmen. Die Olivenölproduktion konzentriert sich besonders auf den westlichen Teil der Region, aber

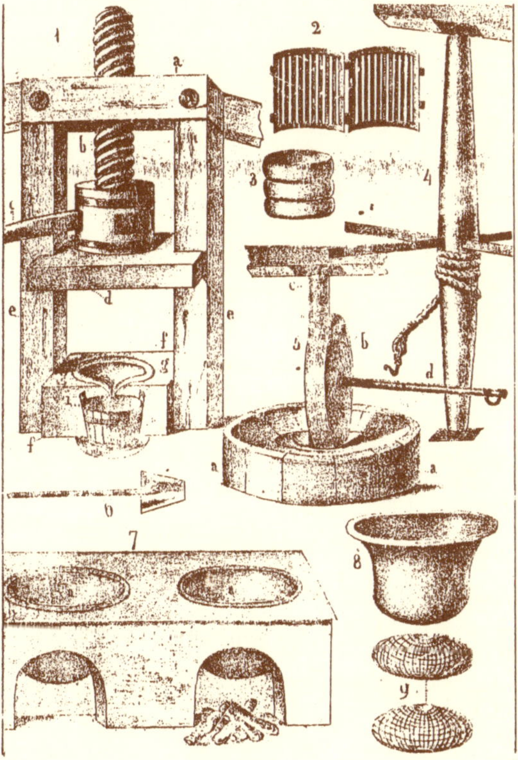

auch die Levante pflegt den Olivenanbau.

In Imperia konnte beispielsweise im Jahre 1991 ein Umsatz von mehr als 500 Milliarden Lire bei einer Produktion von 80 000 Doppelzentnern Öl erzielt werden. Im ölproduzierenden Sektor sind mehr als 500 Menschen beschäftigt; 1000 Personen, wenn man die Hilfskräfte einbezieht. Diese Zahlen sind im Verhältnis zur allgemeinen Beschäftigungslage der Provinz Ligurien durchaus von Bedeutung. Neben außerordentlich berühmten Namen von Ölproduzenten, die sozusagen immer schon auf dem Markt existiert haben, haben dort neue Betriebe einen Platz erobert. Diese Betriebe sind vor allem auf Ölveredelung spezialisiert.

In der eigentlichen Olivenproduktion Liguriens wurden in den letzten Jahren bedeutende Produktionsschwankungen festgestellt. Sie sind nach Ansicht der Experten Folge der besonderen Tektonik der Region und der Einflüsse des wechselhaften Klimas.

Daher sollte man die traditionellen Arbeitsweisen der kleineren Ölmühlen nicht unterschätzen, deren hochwertige Produktion schwer zu quantifizieren ist und die ihre Produkte vorwiegend an Restaurants und Trattorien verkaufen.

DAS ÖL VOM GARDASEE

Es ist allgemein bekannt, daß der Olivenbaum eine Pflanze ist, die auch auf schlechten Böden noch einen ergiebigen Ertrag liefern kann. Allerdings verlangt sie von demjenigen, der sie kultiviert, leidenschaftliche Hingabe und die Bereitschaft, auch größere Schwierigkeiten bei ihrer Pflege zu überwinden. Ist das zum Beispiel bei den Olivenhainen auf den Hügeln rund um Verona und Brescia, in der Gegend des Gardasees, der Fall?

Ohne Zweifel läßt die Aufgabe, die die Landwirte und Unternehmer am Gardasee auf sich genommen haben, keinen Moment der Unaufmerksamkeit bei der Pflege ihrer Olivenhaine zu.

Das Klima zeichnet sich im Winter durch heftige Temperaturschwankungen aus, die alle Parasiten vernichten. Man kann also vom Olivenöl extravergine aus der Region des Gardasees guten Gewissens sagen, daß es frei von Schädlingsbekämpfungsmitteln ist. Nur in ganz besonders milden Wintern müssen die Bauern chemisch eingreifen. Das Olivenöl extravergine vom Gardasee gehört zu den besten Italiens. Sein durchschnittlicher Säuregehalt liegt bei 0,5% (laut Gesetz darf das Olivenöl extravergine nicht mehr als 1% Säure enthalten), und seine angenehme Frische ergibt sich aus dem hohen Chloro-

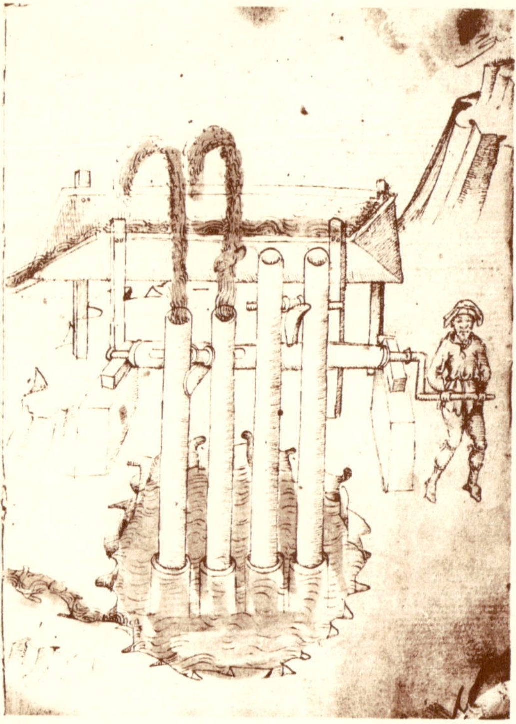

phyllgehalt, der sich nach der Herstellung noch mehrere Monate hält.

Das Öl wird durch sein fruchtiges und delikates Aroma, seine intensiv bis ausgeprägt grün-goldene Farbe, die sich durch den hohen Chlorophyllgehalt ergibt, durch seinen gleichbleibenden Geruch und Geschmack und durch das Zusammentreffen seiner äußerst angenehmen Konsistenz mit einer speziellen Kräuternote, die besonders im interessanten Nachgeschmack deutlich wird, charakterisiert.

Vor allem in der Provinz Como hat seit einer Generation das Interesse am Olivenanbau nachgelassen. Viele Anbaugebiete sind verwahrlost. In der Vergangenheit wurde hier erstklassiges Öl in großen Mengen produziert. Es gibt verschiedene Gründe für dieses Phänomen, die von der dichten Besiedelung des Geländes bis zur Hinwendung der Bevölkerung zu besseren und sichereren Verdienstmöglichkeiten, von der Umweltverschmutzung bis zu Olivenhainen in recht unzugänglichen Gebieten reichen. Darüber hinaus waren die Produktionskosten hoch und die Größe der Betriebe begrenzt. Die Bäume hatten ein sehr hohes Alter erreicht, und ihr ausgeprägtes Höhenwachstum hatte

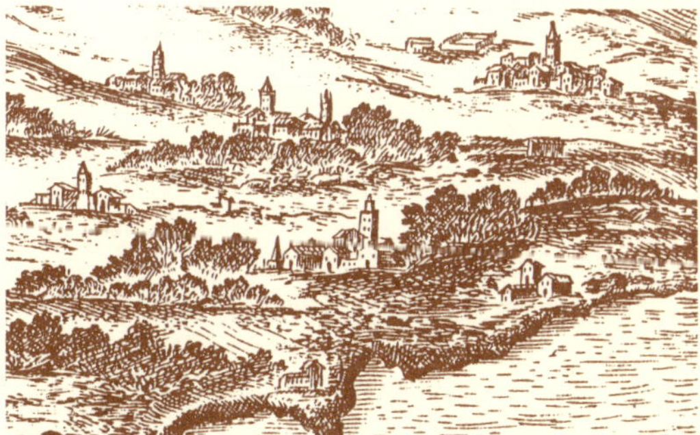

die Ernte immer schwieriger werden lassen.

Trotz dieser Entwicklung ist allerdings ein erstaunliches Engagement zu beobachten, mit dem man sich für die besten Anbautechniken interessiert und zahlreiche neue Anlagen errichtet. In den letzten Jahren wurden außerdem ungefähr 2000 junge Bäume gepflanzt. Der weitaus größte Teil davon steht um Lecco und produziert ein aromatisches hellgelbes Öl mit weniger als 1% Säuregehalt.

Como hat sich zu einer wohlhabenden modernen Stadt mit attraktiven Arbeitsmöglichkeiten entwickelt. So gehen die Olivenhügel nach und nach im Landschaftsbild verloren und die landwirtschaftlichen Randzonen drohen zu verwahrlosen.

Dabei ist das Olivenöl dieser Region wegen seiner Qualität und seines besonderen Aromas gerade in der Po-Ebene gefragt. Doch es gibt Anlaß zu Hoffnung: Alte Ölmühlen (zum Beispiel die von Lenno) werden wieder in Betrieb genommen.

DIE VERSCHIEDENEN ÖLQUALITÄTEN

Vor einigen Jahren wurde das *Consorzio per l'Alimentazione Biologica* (Konsortium für biologische Lebensmittel) gegründet, in dem sich die engagiertesten Einzelhändler von biologisch angebauten Produkten zusammengefunden haben. Man entschloß sich, die Qualität des Olivenöls extravergine zu überprüfen, da es sich dabei um eins der typischen Lebensmittel Italiens handelt. Das Öl wird am Produktionsort abgefüllt, so daß die Ergebnisse aus den an das Laboratorium eingesandten Proben nicht anfechtbar sind. Mit der Durchführung der Analysen wurde das Institut für landwirtschaftliche Chemie an der Universität Mailand und die *Stazione Sperimentale per le industrie degli Oli e dei Grassi* (Versuchslabor der öl und fettproduzierenden Industrien) betraut, um den Ergebnissen einen offiziellen Charakter zu verleihen.

Der italienische Gesetzgeber hat die Normen der EG übernommen, die sich mit der Klassifizierung des Olivenöls befassen. Die Bestimmungen der EG definieren jede Kategorie genau:

Olio extravergine di oliva: ein Olivenöl von einwandfreiem Geschmack, dessen Säuregehalt 1 Gramm pro 100 Gramm nicht überschreiten darf.

Olio di oliva vergine: Öl, das aus den

Früchten des Olivenbaumes nur mit Hilfe mechanischer Prozesse gewonnen wird, wobei Wärmeeinflüsse keine Veränderungen des Öls bewirken dürfen. Die Oliven dürfen nur gewaschen werden, das Öl keine andere Behandlung als Dekantierung, Schleudern und Filtern erfahren haben.

Dennoch ist die Einteilung des Öls in Güteklassen nicht ganz einfach. In einigen Fällen kann der Verbraucher durch die Mehrdeutigkeit der verwendeten Begriffe in die Irre geleitet wer-

den. Man geht davon aus, daß unter dem Aspekt des Nährwertes alle Olivenöle gleichwertig sind, auch wenn das Öl extravergine – zumindest was den Geschmack betrifft – das entschieden beste ist. Die Samenöle sind zum Beispiel im Vergleich zum Olivenöl reicher an vielfach ungesättigten Fettsäuren, aber weniger hitzeresistent und enthalten Vitamine, die für den menschlichen Organismus unverzichtbar sind. Alle Öle haben allerdings den gleichen Kaloriengehalt (900 kcal pro 100 g).

Daher ist es besser, Olivenöl zu kaufen; denn es ist keineswegs fetter oder schwerer als Samenöl. Wenn überhaupt, ist vom Verzehr gekochten Öls abzuraten.

Neben dem Olivenöl extravergine und vergine gibt es noch andere gute, aus Oliven gewonnene Öle:

Das *Olio d'oliva vergine corrente* darf nicht mehr als 3,3% Oleinsäure enthalten;

der Geschmack des *Olio di oliva vergine lampante* ist nicht gleichbleibend und enthält mehr als 3,3% Oleinsäure.

Schließlich gibt es noch Olivenöle, die aus der Raffination des Öls mit der Bezeichnung vergine gewonnen werden. Ihr Gehalt an Oleinsäure liegt bei maximal 0,5%. Als *olio d'oliva* bezeichnet man das Gemisch verschiedener Olivenölqualitäten – von *lampante* bis zum raffinierten Olivenöl. Und schließlich gibt es noch die verschiedenen Qualitäten aus Preßrückständen mit den folgenden italienischen Bezeichnungen: *olio di sansa d'oliva greggio, olio di sansa d'oliva raffinato, olio di sansa d'oliva.*

Wenn man die Eßgewohnheiten der verschiedenen Länder der Erde betrachtet, wird man feststellen, daß sich der Gebrauch des Olivenöls auf die Küche Italiens, Frankreichs, Spaniens,

Portugals und Griechenlands beschränkt, während in den anderen Ländern fast ausschließlich Erdnuß-, Raps- und Sojaöl oder Öl aus den Samen von Sonnenblumen und Baumwollpflanzen verwendet wird.

Wir müssen aber doch noch einmal darauf bestehen, daß sich für den Gebrauch in der Küche die verschiedenen Qualitäten des Olivenöls am besten eignen. Alle anderen Ölsorten sollten, vielleicht mit Ausnahme des Erdnußöls, mit Vorsicht genossen werden.

Die verschiedenen Sorten und Geschmacksrichtungen des Olivenöls extravergine können die Ansprüche jedes Verbrauchers völlig zufriedenstellen. Sein Aroma ist praktisch nicht zu übertreffen und reicht von delikat bis würzig. Als Regel für den richtigen Gebrauch von Olivenöl kann gelten, daß die jeweilige Ölsorte auf die geschmacklichen Eigenschaften der Speisen abgestimmt sein sollte.

TRADITIONELLE REZEPTE

Ascolaner Oliven

Wie der Name schon sagt, stammt dieses Rezept aus Ascoli Piceno in den Marken, aber es existieren in der Provinz zahlreiche Varianten.

Pro Person ungefähr zehn große grüne Oliven, 100 g Speck, 100 g Schweine- und 50 g Rindfleisch in feinen Würfeln, geriebener Parmesankäse, 3 Eier, 2 Löffel Olivenöl extravergine, 2 Zitronen, ein wenig Semmelmehl und etwas altbackenes Brot, Muskatnuß, Zimt, ein Kaffeelöffel Tomatensoße, ausreichend Öl zum Anbraten, Salz und Pfeffer und etwas Mehl bilden die Zutaten zu diesem Rezept.

Den Speck mit etwas Öl in der Pfanne anbraten, dann das Rind- und Schweinefleisch hinzufügen. Nachdem das Fleisch angebraten ist, die Tomatensoße dazugeben. Anschließend alles aus der Pfanne nehmen und fein hakken; mit altbackenem Brot vermengen und ein Ei und den Parmesankäse zufügen, mit Muskatnuß, Zimt, Zitronensaft, Salz und Pfeffer würzen.

Die Oliven entsteinen und mit der Fleischmasse füllen. Anschließend werden die Oliven nacheinander in Mehl, den übrigen 3 Eiern und den Semmelbröseln gewälzt.

Ausreichend Öl in einer Pfanne erhitzen und die Oliven in dem heißen Fett backen. Auf Küchenpapier abtropfen lassen.

Würzige Oliven aus Montefiascone

Pro Person 100 g schwarze kleine und runzelige Oliven, die Schale einer Orange, eine halbe Zitrone, eine Knoblauchzehe, Samenkörner von wildem Fenchel, Olivenöl extravergine.

Die Oliven in Wasser einweichen und anschließend in eine Terrine geben.

Die Orangenschale und die Schale der halben Zitrone in feine Scheiben schneiden. Das Ganze wird zusammen mit der halben zerdrückten Knoblauchzehe (die später wieder entfernt werden muß), mit den Oliven, den Fenchelsamen und dem Saft der halben Zitrone vermischt. Mit ausreichend Olivenöl übergießen. Alles gut vermischen und vor dem Servieren ungefähr eine Stunde lang an einem kühlen Ort ruhen lassen.

Zerdrückte grüne Oliven

Für dieses Rezept braucht man eine gute Handvoll frischer grüner Oliven, Knoblauch, Oregano, rote Chilipfefferschoten, ein gut gefülltes Glas Olivenöl, einen Schuß Essig und Salz.

Die Oliven werden eine nach der anderen zerdrückt und die Kerne entfernt. Man legt die Früchte in ein Glas und bedeckt sie mit Wasser. Nach 24 Stunden muß das Wasser gewechselt werden; diesen Vorgang wiederholt man über einen Zeitraum von mindestens zehn Tagen. Das Wasser wird mindestens zweimal am Tag erneuert.

Die Oliven gut abtropfen lassen und dann abwechselnd Oliven, Knoblauch und Chili in ein Glas schichten. Mit einem Schuß Essig übergießen und mit Oregano bestreuen. Schließlich wird das Glas mit kräftigem und dickflüssigem Olivenöl aufgefüllt, bis die Oliven vollständig bedeckt sind; auf diese

Weise halten sie sich unbegrenzte Zeit.

Es empfiehlt sich, das Glas an einem dunklen Ort aufzubewahren.

Eingelegte schwarze Oliven

Für dieses Rezept benötigt man nur sehr reife schwarze Oliven und eine Prise Salz. Die Oliven dürfen aber nicht trokken und runzelig sein, da man ihr Fruchtfleisch sonst nicht mit drei bis vier kleinen Einschnitten versehen kann.

Sie werden in kaltem Wasser zehn Tage lang gewässert, wobei man das Wasser dreimal am Tag wechseln muß. Auf diese Weise halten sie sich einige Zeit.

Will man die Oliven sofort verzehren, reicht es aus, sie mit einer kräftigen Prise Salz, einigen Stückchen Chili und Oregano zu würzen. Man kann sie aber auch im Ofen trocknen lassen.

Eingelegte Oliven mit Thunfisch

Zutaten: 300 g Oliven in Salzlake, 30 g in Öl eingelegte Sardellen, zwei scharfe rote Chilischoten, 10 g Kapern, 70 g Thunfisch in Öl, 2 Knoblauchzehen, 2 Lorbeerblätter, ein Teelöffel gehacktes Basilikum, Zitrone, Öl.

Die Oliven abtropfen lassen, entkernen und auf einem Küchenhandtuch trocknen. Ebenso den Thunfisch und die Sardellen abtropfen lassen und zusammen mit den Kapern, dem Basilikum und etwas Zitronensaft im Mixer zerkleinern.

Die Masse in eine geölte dreieckige Papiertüte geben. Die Spitze der Tüte aufschneiden und die Masse in die entkernten Oliven füllen.

Die Oliven in ein Glas geben, Lorbeerblätter, Knoblauch und Chili zufügen und mit Olivenöl extravergine bedecken. Das Glas schließen und für einige Tage an einem kühlen und dunklen Ort aufbewahren.

Bruschetta

Das Wort stammt aus dem Latium und den Abruzzen und bezeichnet eine

Scheibe getoastetes Bauernbrot aus Weizenmehl, über die man noch warm eine Knoblauchzehe streicht.

Die so vorbereiteten Scheiben werden gesalzen, gepfeffert und mit reichlich Olivenöl getränkt, so daß das Öl in die gut geröstete Brotoberfläche eindringt.

Das Öl sollte geschmacksintensiv sein, und aus diesem Grund hat die Bruschetta gerade in Apulien so großen Erfolg gehabt.

Die Bruschetta kann auch noch mit Tomatenstückchen, wildem Fenchel oder - eine Spezialität der Toskana und Umbriens - mit einem Löffel gekochter weißer Bohnen belegt werden. Wegen des Öls, das den Geschmack und das Aroma der Bruschetta unterstreicht, wird sie auch *fett'unta* (= ölige Schnitte) genannt.

Mayonnaise

Die Mayonnaise verdankt ihren Namen möglicherweise dem Städtchen Mahón auf der Baleareninsel Menorca. Zu Ehren der Eroberung dieser kleinen Stadt durch den Herzog Richelieu im Jahre

1756 soll sein Koch ihm diese neue Soße gewidmet haben.

In wenigen Tropfen Weinessig werden 1 g Salz und eine Prise Pfeffer aufgelöst. Dann fügt man 3 Eigelbe hinzu. Die Masse wird immer in der gleichen Richtung geschlagen, bis sich alles verbunden hat. Anschließend rührt man nach und nach vorsichtig 5 dl Olivenöl extravergine in die Masse ein, so daß das Ganze eine sämige Soße ergibt.

Bagnacauda

Hierbei handelt es sich um eine traditionelle Soße aus dem Piemont, die köchelnd serviert wird. Man reicht sie zu rohem Gemüse, das in die Soße getunkt wird. Sie wird in einem Tontopf zubereitet, der auf einem Spirituskocher auf dem Eßtisch warmgehalten wird. Diese Soße existiert in vielen Variationen, die von der Qualität des verwendeten Öles und dem Verhältnis von Öl und Butter zueinander abhängen. Manchmal wird Bagnacauda auch zu gekochtem Gemüse gereicht.

Für 4 Personen werden 150 g Sardellen zerkleinert und 5–6 Knoblauchzehen gehackt. Man erwärmt 80 g gute Butter in einem Topf und gibt den Knoblauch dazu. Auf sehr kleiner Flamme sollte er sich fast auflösen.

Jetzt entzündet man den Spirituskocher, fügt der Knoblauchbutter ca. 250 ml leichtes Olivenöl extravergine (z. B. Öl aus Ligurien) zu. Öl und Butter sollten immer ungefähr im Verhältnis 3:1 verwendet werden. Sobald das Gemisch zu köcheln beginnt, fügt man die Sardellen hinzu. Die Soße sollte ziemlich flüssig sein.

Pesto alla genovese

Zutaten: 3 bis 4 Knoblauchzehen, einige Blätter frisches Basilikum, 1 Teelöffel geriebener Parmesankäse, ein halbes Glas Olivenöl extravergine (möglichst aus Ligurien).

In einigen Rezepten aus dem östlichen Ligurien werden zusätzlich frische Pinienkerne im Ofen geröstet und der Parmesan durch sardischen Pecorino ersetzt.

Die Zutaten werden so lange in einem Mörser zerkleinert, bis eine weiche und duftende Paste entstanden ist.

Dieser Paste kann man unter Umständen etwas Salz beifügen, um das Basilikum frisch zu halten.

Der Pesto sollte im Kühlschrank aufbewahrt werden, doch am besten verwendet man die Soße frisch, da das Basilikum nach wenigen Tagen sein Aroma verliert.

Pinzimonio

Olivenöl (vorzugsweise extravergine) wird mit Salz und Pfeffer angemacht und jeder Person in einem Schälchen serviert.

Zum Tunken reicht man rohes frisches Gemüse.

Salsa verde

Mit einem Wiegemesser wiegt man folgende Zutaten: Kapern (vorher abtropfen lassen und restlichen Essig ausdrücken), eine Sardelle, etwas Zwiebel und eine Knoblauchzehe.

Dazu kommen einige Blätter Petersilie und Basilikum, und wenn alles fein gehackt ist, fügt man ausreichend Olivenöl extravergine und einige Tropfen Zitronensaft hinzu.

Diese Soße paßt gut zu kaltem Huhn, Kochfisch und harten Eiern.

Spaghetti aglio e olio

Zutaten: 400 g Spaghetti, 100 g Olivenöl extravergine, eine Handvoll Petersilie, zwei Knoblauchzehen, Salz und Pfeffer.

Bei diesem Gericht ist das Öl die Hauptsache, es muß daher absolut rein sein und sollte nicht zu knapp bemessen werden.

Nach Belieben kann man diesem Rezept noch eine scharfe rote Chilischote zufügen.

Die Spaghetti in das kochende Salzwasser geben und al dente kochen. Beim Abtropfen darauf achten, daß ein wenig von dem Kochwasser zurückbleibt.

Die Knoblauchzehen mit dem Daumen zerdrücken, in einen Topf legen und mit ausreichend Öl übergießen. So lange dünsten, bis sie fast braun sind.

Jetzt fügt man die feingehackte Petersilie und gleich danach die Spaghetti hinzu. Gut vermischen und sofort servieren.

Ribollita

Dieses typisch toskanische Gericht wird mit den Resten einer Bohnensuppe zubereitet.

Man gibt die Suppe (die man aus frischen weißen Bohnen, Grünkohl, einem Schinkenknochen, zwei Zwiebeln, einer Karotte, einer Stange Lauch, einer reifen Tomate, Knoblauch, Thymian, Rosmarin, einigen Scheiben altbakkenem dunklem Brot und geriebenem Parmesankäse gekocht hat) in einen feuerfesten Topf und bedeckt die Oberfläche mit Zwiebelscheiben. Anschließend wird die Suppe mit Olivenöl extravergine abgedeckt.

Den Topf in den vorgewärmten Ofen stellen. Die Suppe ist fertig, wenn die Zwiebelscheiben eine goldgelbe Kruste gebildet haben.

Aus dem Ofen nehmen und heiß servieren.

Radicchio nach Trevisaner Art

Zutaten: roter Radicchio, Olivenöl extravergine, Pfeffer, Salz.

Einige Köpfe des roten Radicchio aus Treviso gut waschen. Der Länge nach aufschneiden. Je nach Größe auch in der Mitte teilen oder in Viertel schneiden.

Mit reichlich Olivenöl extravergine übergießen, salzen und pfeffern. Auf einen Rost legen und auf glühender Holzkohle rösten. Dabei hin und wieder wenden. Direkt vom Feuer servieren.

Frittata mit Zucchiniblüten

Zutaten: 400 g Zucchiniblüten, Mehl, 4 Eier, Olivenöl extravergine, Salz und Pfeffer.

Die Zucchiniblüten gut waschen, gründlich abtrocknen und in dem Mehl wälzen. Ausreichend gutes Olivenöl in die Pfanne geben, stark erhitzen und die Zucchiniblüten hineingeben. Von allen Seiten anbraten.

In einer Schüssel die Eier schlagen, salzen und pfeffern und die Masse in die Pfanne geben, so daß sie die Zucchiniblüten bedeckt. Die Eier stocken lassen, das Omelett umdrehen und von der anderen Seite langsam goldbraun backen.

Carpaccio

Zutaten: 600 g mageres Rinderfilet, 3 Eigelbe, eine Löffelspitze Senf, eine halbe Zitrone, Salz, ein viertel Liter Olivenöl extravergine, 2 Tropfen Worcestersoße, 1 Eßlöffel Essig.

Das Filet ganz dünn schneiden, salzen und für zwanzig Minuten in den Kühlschrank zurücklegen.

In der Zwischenzeit mit den Eigelben, Senf, Zitronensaft und Salz eine Soße zubereiten, der unter langsamem Rühren das Öl in einem dünnen Strahl zugefügt wird. So lange in einer Richtung weiterrühren, bis die Soße fest geworden ist. Die Worcestersoße und den Essig zugeben.

Jetzt das Fleisch aus dem Kühlschrank nehmen und mit der Mayonnaise dekorieren.

Kaninchen mit Oliven

Zutaten: ein Kaninchen, ein Glas Olivenöl extravergine (möglichst aus Ligurien), zwei Knoblauchzehen, ein Zweig Rosmarin, zwei Gläser Chianti oder Barbera, eine reife Tomate, eine Handvoll schwarze Oliven in Salzlake, Salz und Pfeffer.

Das Kaninchen in Stücke teilen und gut waschen; die Stücke in eine Pfanne legen und ungefähr fünf Minuten anbraten. Herausnehmen, abtrocknen und in eine Tonkasserolle legen, in die man vorher das Glas Olivenöl gegeben hat. Die Fleischstücke mit dem gehackten Rosmarin und dem Knoblauch bestreuen. Gut auf dem Herd anbraten, dann mit reichlich Wein löschen, salzen, pfeffern und mit einem Deckel verschließen. Langsam köcheln lassen und darauf achten, daß nicht zuviel Flüssigkeit verdampft. Während des Garens die kleingeschnittene Tomate und die schwarzen, möglichst entsteinten Oliven zufügen.

Sauce Tartare

Zutaten: 4 Eigelbe, Salz und Pfeffer, 5 dl Olivenöl extravergine, 1 Eßlöffel Senf, 1 Teelöffel Weinessig, 1 Bund Schnittlauch.

Die hartgekochten Eigelbe in einer Schüssel zusammen mit dem Öl, Salz und Pfeffer zu einer glatten Paste verarbeiten; Senf, Essig und den feingehackten Schnittlauch unterrühren.

Der Schnittlauch kann zum Schluß zusätzlich zur Dekoration verwendet werden.

Estragonsoße

Zutaten: 50 g frisches helles Brot ohne Rinde, 3 Knoblauchzehen, 1 Bund Estragon, 1 Löffel Weinessig, ein halbes Glas Olivenöl extravergine, Salz.

Das Brot im Essig einweichen und ausdrücken; Estragon waschen und fein hacken, den mit dem Daumen zerdrückten Knoblauch zufügen. Alles mit dem Brot zusammen in eine Terrine füllen, mischen und durch ein Sieb geben.

Das Gemisch kräftig mit einem Holzlöffel schlagen, dabei ganz langsam das Olivenöl extravergine hineintropfen lassen.

So lange schlagen, bis die Estragonsoße die richtige, sämige Konsistenz hat. (Je besser das Öl, desto raffinierter die Soße!)

Zu gekochtem Fleisch servieren.

Funghetto

Zutaten: 200 g frische Pilze, 2 Auberginen, 2 Zucchini, 1 Knoblauchzehe, eine Handvoll Petersilie, eine Prise Oregano, ein halbes Glas Olivenöl extravergine, Salz.

Die Auberginen in dünne Scheiben schneiden, mit Salz bestreuen und in einen tiefen Teller legen. Eine halbe Stunde ruhen lassen. Die Zucchini in dünne Scheiben schneiden und die Pilze gründlich säubern.

Das halbe Glas Olivenöl in eine Kasserolle gießen und die mit dem Daumen zerdrückte Knoblauchzehe zusammen mit der Petersilie auf kleiner Flamme anbraten. Anschließend Auberginen, Zucchini und Pilze hinzufügen. Das Ganze gut anbraten und mit Oregano bestreuen.

Das Gemüse muß zum Schluß ganz leise köcheln und darf nur vorsichtig umgerührt werden.

Salzen und mit Nudeln oder Fleisch servieren.

Sott'oli – Einlegen

Jedes Nahrungsmittel kann in Öl eingelegt werden (der italienische Begriff «*sott'olio*» bedeutet «unter Öl», die *sott'oli* sind also allgemein in Öl Eingelegtes) – aber in der Regel werden vor allem kleine oder kleingeschnittene Früchte, Gemüse oder Hülsenfrüchte und ähnliches in Oliven oder Samenöl eingelegt.

Das Öl, besonders wenn es sich um Olivenöl extravergine handelt, gibt dem zu konservierenden Nahrungsmittel einen besonders intensiven Geschmack.

In der Regel bedeckt man die Nahrungsmittel vollständig mit dem Öl, unabhängig davon, ob es sich um Gemüse oder Fleisch handelt. Die Lebensmittel halten sich in Öl besser, weil sie keine Berührung mehr mit der Luft haben.

Um noch bessere Ergebnisse bei der Konservierung zu erzielen, kann man die Produkte vor dem Einlegen noch vorbehandeln. Bei industriell hergestellten Konserven wird das Produkt kurz erhitzt, bevor es mit Öl übergossen wird. Wer zu Hause Konserven herstellen will, blanchiert die Nahrungsmittel in kochendem Wasser, dem etwas Essig beigefügt wurde, damit sie frei von Bakterien ins Öl gegeben werden können.

Die goldene Regel des Einlegens wird heute noch in vielen Teilen Süditaliens befolgt: Nach dem Kochen werden die Nahrungsmittel in der Sonne oft mehrere Tage getrocknet. Dies gilt sowohl für Gemüse wie für Fleisch. Auf diese Weise wird Paprikaschoten, Tomaten, Auberginen, Pilzen, Oliven und Kapern Wasser entzogen, um einer möglichen Schimmelbildung entgegenzuwirken.

In der Toskana werden nach alter

Tradition und mit bewährten hausfraulichen Techniken auch Schafskäse und Würste, vor allem aus Wildschweinfleisch, mit Öl konserviert.

INHALT

Der Olivenbaum – Kulturpflanzeseit der Antike

Ein wertvolles Nahrungsmittel

Die italienischen Öle

Traditionelle Rezepte

ILLUSTRATIONSNACHWEIS

S. 20, 23, 49: *Biblioteca Medicea Laurenziana,* Florenz 1986

S. 29: *Biblioteca Apostolica Vaticana*, Florenz 1990

S. 32, 33: *Biblioteca Reale*, *Torino*, Florenz 1990

S. 40, 47, 71: *Biblioteca Estense*, Florenz 1987

S. 43, 52, 80: *Biblioteca Nazionale Centrale*, Florenz 1992

S. 61, 65, 75: *L'Archivio di Stato di Roma*, Florenz 1992

S. 77: Angelo Paganini, *Vocabolario domestico genovese-italiano*, Bologna 1977

S. 81: *Biblioteca Centrale*, *Palermo*, Florenz 1992

GENIESSER BIBLIOTHEK

Jeder Band entführt in die wunderbare Welt von Speisen und Getränken mit ihrer Geschichte, Verwendung und köstlichen Rezepten.

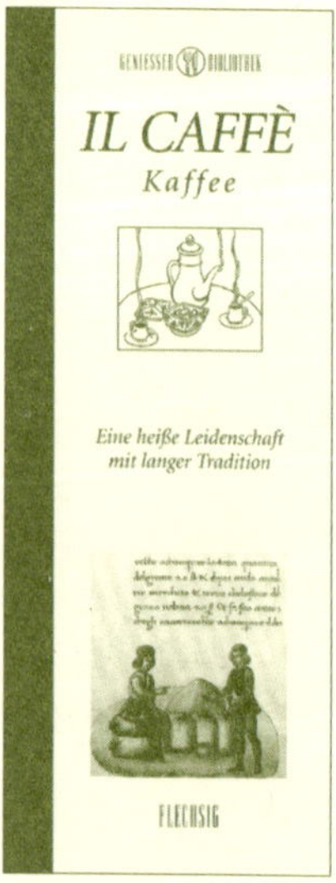

Unser gesamtes Programm finden Sie unter
www.verlagshaus.com

FLECHSIG

PRINTED IN ITALY